WILLI OBERHEIDEN

Türen öffnen sich

WILLI OBERHEIDEN

Türen öffnen sich

Ein Adventsbegleiter für Gefangene

echter

VORWORT

Ein Adventsbegleiter für Gefangene will genau das sein, was das Wort sagt: vierundzwanzig Tage im Advent – und darüber hinaus – Menschen in Haft, im Gefängnis, im Knast begleiten. Der Knast ist eine eigene Gesellschaft mit anderen Regeln, anderer Sprache, anderen Umgangsformen, aber es sind dieselben Menschen wie draußen, nur an einem anderen Ort. Wer sich selber an diesem Ort befindet, weiß, dass er manchmal eine andere Begleitung braucht als draußen – auch im Advent. Das will dieser Adventsbegleiter sein.

An vierundzwanzig Tagen im Advent und einen Tag darüber hinaus bietet dieser Begleiter jeweils ein „Türchen zum Öffnen" an. Die Elemente: ein biblisches Zitat, ein inhaltlicher Impuls, eine Handlungsidee „für heute" und ein meditativer Text. Alles ist jeweils aufeinander bezogen, sodass der Begleitete für sich auswählen und sich von den einzelnen Elementen ansprechen lassen kann.

Anliegen dieses Begleiters ist, den Advent in seiner kirchlich-religiösen Tradition als Vorbereitung auf die Menschwerdung Gottes als Kind in der Krippe auf die Lebenswelten des Gefängnisses herunterzubrechen, für religiöse und weniger religiöse Gefangene.

Alle anderen Menschen können sich natürlich auch durch diesen Begleiter den Advent bereichern lassen. Für sie gibt es am Ende des Buches Worterklärungen als „Übersetzungshilfen", wo es nötig ist. Vielleicht treffen sich dann alle – die Gefangenen, die Freien und die anders Gefangenen und anders Freien – an der Krippe.

Und siehe, du sollst stumm sein
und nicht mehr reden können
bis zu dem Tag, an dem dies geschieht,
weil du meinen Worten nicht geglaubt hast,
die in Erfüllung gehen,
wenn die Zeit dafür da ist.
(Lukas 1,20)

eins

TÜREN SCHLIESSEN SICH

Heute ist der erste Advent. Der Tag, an dem ein Türchen geöffnet und keine Tür geschlossen wird. Vielleicht ist ein Adventskalender in einer Welt der geschlossenen Türen besonders notwendig. Vielleicht bin ich in der Welt der geschlossenen Türen viel sensibler dafür, wenn sich Türen öffnen. Und wenn es nur die 24 Türchen des Adventskalenders sind.

Es ist schon eigenartig, hinter einer Tür ohne Schlüsselloch auf meiner Seite zu sitzen. Manch einem ist es schon beim ersten Schließen der Tür bewusst. Ein anderer braucht etwas Zeit, bis dieses Gefühl bei ihm ankommt. Vielleicht war ich auch schon mal eingesperrt – als Kind – von meinen Eltern. Was ist, wenn es brennt, wenn ich einen Herzinfarkt bekomme? Wenn niemand aufmacht?

Türen schließen sich und trennen mich von den anderen. Schützen sie die anderen? Oder schützen sie mich? Vielleicht auch das. Und ich weiß: Türen, die sich schließen, lassen sich auch wieder öffnen. Manchmal öffnen sie sich, um sich wieder zu schließen. Manchmal öffnen sie sich, um offen zu bleiben. Und dabei ist die Zellentür nur eine dieser Türen. Eine aus Holz und Eisen. Vielleicht ist die von Mensch zu Mensch, von Herz zu Herz, viel verschlossener.

Heute will ich die Tür, zu der ich den Schlüssel besitze, öffnen oder schließen, so wie es gut für mich und den anderen ist. Es ist die Tür meines Herzens.

ein stern geht auf

jedes mal
wenn ein kind geboren wird
geht ein stern auf

für die eltern
ein stern am himmel ihrer liebe

für die welt
ein stern am himmel der zukunft

manchmal muss einer kommen
und den stern deuten
für die eltern
für die welt

und jeder stern
verändert den himmel
macht den himmel neu

einer erschrickt
und durchkreuzt ist sein weg

eine anderer freut sich
und geht seinen weg

ein stern geht mir auf
und ich gehe

... und siehe, eine Tür war geöffnet am Himmel; ...
Dann sah ich einen neuen Himmel und eine neue
Erde ...
(Offenbarung des Johannes 4,1a; 21,1a)

zwei

TÜREN ÖFFNEN SICH

„Wenn du glaubst es geht nicht mehr, kommt von irgendwo ein Lichtlein her." – Alles Lüge: Da kommt kein „Lichtlein" her. Es ist kein böser Traum, aus dem ich erwache, und alles ist wieder gut. Es gibt auch keine Blitzentlassung. Es bleibt so für lange Zeit. Oder für immer?

Die Tür öffnet sich nur, um dann wieder verschlossen zu werden. Frühstück, Mittag, Abendbrot, Sport (vielleicht), Freistunde, Umschluss (wenn ich nicht in Ungnade gefallen bin), Nachtverschluss. Und wenn ich Arbeit habe, „Arbeitsbetriebe ausrücken". Und am Wochenende heißt es morgens „Gottesdienst aufschließen" und der Nachtverschluss fängt vielleicht schon nach der gemeinsamen Ausgabe von Mittagessen und Abendbrot an.

Es ist der Schließer, der die Macht hat über meine Zellentür. Ist es meine Zellentür? Wäre es meine Tür, hätte ich einen Schlüssel. So bleibe ich unfrei und abhängig von dem, der den Schlüssel hat.

Und doch bin ich nicht rechtlos. Der Staat, der mich einsperrt, muss sich auch um mich kümmern, muss meine von ihm gesetzten Rechte einhalten. Ein kleiner Trost. Es wäre schön, wenn es immer so wäre. Vielleicht kann ich mich an einem Paragraphen festhalten. Solange ich mich nicht unbeliebt mache. Die Folgen trage ich. Der Knast ist ein vermintes Gebiet. Vielleicht fühle ich mich sicherer, wenn die Tür zubleibt.

Die Tür kann beides: Sie kann sich öffnen. Sie kann sich schließen. Kann geöffnet werden oder geschlossen. Die einen gewöhnen sich dran. Die anderen nie. Die Tür öffnet mir den Weg in die Freiheit, wenn sie auf geht, und zugleich trennt sie mich von meiner Freiheit, sie nimmt sie mir, wenn sie hinter mir verschlossen wird. Es könnte sein, dass die Zellentür ein Sinnbild meiner Existenz ist.

Heute will ich „meine" Zellentür als Tür am Adventskalender sehen, die sich öffnet auf Weihnachten hin. Ein Stern geht auf.

tür zu tür auf tür zu
auf zu auf
zu auf
zu

was bist du tür

einsperrer
oder
öffner

gefangennehmer
oder
befreier

lebennehmer
oder
lebenöffner

was bist du tür für mich

ich sehe dich mit meinen augen
ich entscheide was du bist

verschließt du mich
verschließt du mein leben
oder
öffnest du mich
auf neues leben
für weihnachten

Er wird öffnen und niemand ist da, der schließt;
er wird schließen und niemand ist da, der öffnet.
(Jesaja 22,22b)

TÜREN ÖFFNEN

„In Gefahr und großer Not bringt der Mittelweg den Tod." – Ich kann eine Tür nicht ein wenig öffnen oder ein wenig schließen. Entweder ich öffne oder ich öffne nicht. Entweder ich schließe oder ich schließe nicht. Es gibt kein Sowohl-als-auch. Es gibt keinen Mittelweg.

Das ist Advent, Ankunft Gottes unter uns Menschen, Menschwerdung Gottes. Advent ist das lateinische Wort für Ankunft und meint die Ankunft Gottes in unserer Welt als Kind in der Krippe. Manche sagen auch die Ankunft des Herrn. Gott öffnet sich für mich. Er bleibt nicht fern. Er möchte mir so nah sein, dass er selber Mensch wird. Und er öffnet sich mit vollem Risiko. Er wird Mensch bis in die letzte Konsequenz. Dies bedeutet Menschsein mit allem Leid, das ich kenne, das ich mir vorstellen kann oder das ich mir auch nicht vorstellen kann. Dies bedeutet Menschsein bis in den Tod.

Das bleibt nicht ohne Konsequenz für mich. Bin ich bereit für die Ankunft Gottes? Öffne ich mich für ihn? Öffne ich die Tür meines Herzens und meiner Seele für die Menschwerdung Gottes? Und bin ich bereit für diese grundlegende und existenzielle Veränderung?

Wenn Gott sich öffnet, kann ich nicht verschlossen bleiben, kann die Tür meines Herzens nicht verriegelt sein. Wenn Gott Mensch wird, bin ich aufgerufen, Mensch zu sein, vielleicht überhaupt erst Mensch zu werden. Das ist eine große Herausforderung im Knast, in Gefangenschaft des Körpers, die sich manchmal bis tief in die Seele schleicht.

Mein Herz und meine Seele sind frei. Dem ist nichts hinzuzufügen. Und Advent, Ankunft Gottes, Menschwerdung Gottes, besiegeln dies.

Heute will ich mir meiner Freiheit bewusst sein und ihr den Raum geben, der mir ratsam erscheint und den ich verantworten will.

wenn ich die tür meines herzens nicht öffne
wie soll der herr eintreten
wie soll weihnachten werden

wenn ich die tür meines herzens nicht öffnen kann
wie soll gott mensch werden in mir
wie soll ich mensch werden für mich

öffne du herr mich für dich für mich
dass ich öffne mein verschlossenes herz
und mensch werde wie du

herr alles kommt von dir
das öffnen und das verschließen
je zu seiner zeit

**Denkt an die Gefangenen,
als wäret ihr mitgefangen;
denkt an die Misshandelten,
denn auch ihr lebt noch in eurem irdischen Leib!
(Brief an die Hebräer 13,3)**

vier

BARBARA

Heute ist der Barbaratag. Sie wird oft abgebildet mit einem Turm, ihrem Gefängnis. Wer lässt sich schon mit „seinem" Gefängnis abbilden? Wer hängt sich ein Bild von „seinem" Knast oder eine Kopie von seinem Strafregister auf?

Der Turm weist darauf hin, dass Barbara von ihrem Vater eingesperrt wurde, weil sie gegen seinen ausdrücklichen Willen Christin geworden war. Wegen ihres Glaubens wurde sie nach Folter und Kerkerhaft der Legende nach im Jahr 306 eigenhändig von ihrem Vater enthauptet.

Barbara stand zu ihrem Glauben. Und sie hat sich gerade gemacht für ihre Entscheidung. Vielleicht ist sie auch deshalb die Schutzpatronin der Gefangenen. Sie macht sich gerade und trägt die Folgen. Das könnte besonders tröstlich sein für alle Gefangenen, dass sie dieses Unrecht aushält bis zur letzten Konsequenz. Ein Trost für den, der seine Haft annimmt, aber auch ein Vorbild für den, der mit seiner Haft hadert. Und: Barbara steht dazu, dass sie gefangen war. Vielleicht war das für sie, die zu Unrecht saß, leichter. Es bedeutet aber auch, dass für sie das Gefängnis Teil der eigenen Biographie, Teil des eigenen Lebens, geworden ist. Könnten nur die „anderen" das auch so sehen und einen nicht ein zweites Mal verurteilen oder lebenslang bestrafen. Barbara steht stellvertretend für die vielen Glaubensschwestern und -brüder, die im Gefängnis waren oder heute noch sind.

Heute will ich mich gerade machen und diesen Hafttag aufrecht bestehen.

einen barbarazweig
will ich in mein herz stellen
ins wasser meines lebens
zeichen meiner hoffnung
er wird blühen
eines tages
oder morgen schon

einen barbarazweig
will ich in mein herz stellen
hoffnung mir geschenkt
heute schon

ein barbarazweig
will ich sein
hoffnung schenken
dir und mir

ein barbarazweig
bist du
ich erkenne deine blüten
bin nicht blind
bin sehend

Es kommt vor, dass jemand allein steht
und niemanden bei sich hat.
(Kohelet 4,8a)

fünf

NICHT ICH ALLEINE

Einer von 50.000 in Deutschland. Oder weltweit einer von fast 11 Millionen. Ich bin nicht alleine im Knast. Andere sitzen auch. Andere sind auch eingesperrt. Anderen hat man auch die Freiheit „entzogen". Nicht mir alleine.

Wir sitzen alle in einem Boot. Nur habe ich mir die anderen nicht ausgesucht. Und sie haben mich auch nicht ausgewählt. Wir leben hier in einer Zwangsgemeinschaft. Meine Familie habe ich mir auch nicht ausgesucht. Da kann ich aber weg, zumindest körperlich. Hier komme ich nicht raus. Was mache ich mit den Mitgefangenen? Vielleicht finde ich einen Kumpel oder einen „Kollegen" wie auf der Arbeit. Oder einen Spannmann. Freundschaft im Knast ist eher selten, vielleicht sogar gefährlich. Und was ist schon Freundschaft.

Alle die, die mit mir sitzen, warten auf Weihnachten. Vierundzwanzig Türchen öffnen sich. Vielleicht öffnet sich auch mein vierundzwanzigstes Türchen. Meine Tür geht auf und der Knast hat ein Ende. Wie Weihnachten wäre das, etwas ganz neues voller Hoffnung beginnt. Das versteht jeder. Dafür braucht man kein Christ sein. Dafür braucht man gar nicht wissen, was Weihnachten bedeutet. Das ist eine ganz andere Sichtweise. Ich bin nicht alleine, weil ich zur Zwangsgemeinschaft der Inhaftierten gehöre, sondern ich bin nicht alleine, weil ich zu den Menschen gehöre, die auf eine neue Zeit hoffen.

Heute will ich mich mit allen Hoffenden verbunden fühlen.

einsam
nur ich allein
als wenn ich
der einzige mensch
auf der welt wäre

sollte es einen geben
der fühlt wie ich
leidet wie ich
eingesperrt ist wie ich
einsam ist wie ich

du
fühlst wie ich
oder ganz anders
leidest wie ich
oder auch nicht
bist eingesperrt
vielleicht auch einsam
wie ich

du
viele du
nicht ich alleine
irgendwie
verschieden
von mir
irgendwie
gleich
wie ich

Denn ich war hungrig und ihr habt mir zu essen gegeben;
ich war durstig und ihr habt mir zu trinken gegeben;
ich war fremd und ihr habt mich aufgenommen;
ich war nackt und ihr habt mir Kleidung gegeben;
ich war krank und ihr habt mich besucht;
ich war im Gefängnis und ihr seid zu mir gekommen.
(Matthäus 25,35–36)

NIKOLAUS

„Lustig, lustig, traleralala, heut' ist Nikolausabend da, heut' ist Nikolausabend da." Die Kinder lieben ihn. Über Nacht bringt er Süßigkeiten. Zu seiner Zeit hat Nikolaus, der beim Volk beliebte Bischof aus Myra in Kleinasien, das heute in der Türkei liegt, viel Gutes getan. Mit seiner Hilfe werden die Menschen von einer Hungersnot errettet. Drei Schwestern werden vor der Sklaverei in einem Bordell bewahrt. Seefahrer beten zu ihm und überleben einen schweren Sturm.

Nikolaus ist nicht nur beliebt bei den Kindern, sondern auch und zuerst bei den Erwachsenen. Er zeigt, dass es geht: „Ich war hungrig, und du hast mir zu essen gegeben ..." Es gibt solche Menschen, die zeigen, dass Liebe und Barmherzigkeit keine leeren Worte sind, sondern gelebte Wirklichkeit. Das ist meine Hoffnung, wenn ich hungrig, krank oder im Gefängnis bin, dass jemand für mich in meiner Not da ist. Und dass derjenige es ehrlich meint. Gegen alle – vielleicht bittere – Erfahrung stirbt die Hoffnung zuletzt. Oder besser: Die Hoffnung stirbt nie. Zumindest sollte sie nie sterben.

Es könnte aber auch sein, dass nicht ich der Hungrige, der Kranke oder der Gefangene bin, sondern dass ich der bin, der zu essen gibt oder besucht oder da ist. Dann könnte ich für einen Moment Nikolaus sein für andere und ein Geschenk bringen, vielleicht sogar heimlich in der Nacht. Dann könnte ich Liebe und Barmherzigkeit bringen in eine dunkle, kalte Welt, in die Gefängniswelt. Dann würde es durch das wenige, was ich schenke, etwas heller. Vielleicht wäre mein Weniges für den anderen ganz viel. Vielleicht der Unterschied zwischen Licht und Dunkelheit, zwischen Hoffnung und Trostlosigkeit, zwischen Leben und Tod. Das wäre doch wunderbar adventlich: Licht in der Dunkelheit.

Du warst hungrig, durstig, fremd, obdachlos, nackt, krank oder im Gefängnis. Heute bin ich derjenige, der für dich da ist. Vielleicht ist heute wenigstens eines für mich möglich.

was ich mir wünsche
ein pack tabak
ein kleines vergnügen
oder doch
respekt
freiheit
liebe

was ich mir nicht wünsche
hass
eingesperrt sein
verachtung

zum trost
ein kleines vergnügen
ein pack tabak

oder doch
würde

würde
ich mir etwas
wünschen
wäre es
würde

Sie wickelte ihn in Windeln und legte ihn in eine Krippe, weil in der Herberge kein Platz für sie war. (Lukas 2,7b)

sieben

KINDERWEIHNACHT

Jetzt müsste es nur noch schneien. „I'm dreaming of a white Christmas." Alle sind freundlich miteinander. Frieden ist in jedem Haus, in jeder Familie. Wie die heilige Familie: Vater, Mutter, Kind. Warmes Kerzenlicht strahlt im Stall, behütet von Engeln und Hirten mit leuchtenden Gesichtern, besucht von Königen, die Geschenke bringen. Es riecht nach Weihnachtsgebäck. So muss Weihnachten sein. Vielleicht hat dieser Traum in meinem Herzen einen Platz. Ein Traum von einer heilen Welt.

Irgendwie ist es vielleicht auch schön, wenn in meinem Herzen noch Platz ist für meine Kinderseele. Ist das Schwäche oder ist das Stärke? Wenn meine Kinderseele einen guten Platz hat und ich trotzdem erwachsen bleibe, ist das eine Stärke. Das Kind in mir gibt mir etwas, was mir sonst fehlen würde. Wenn meine Kinderseele mich als Erwachsenen verdrängt, ist es eine Schwäche. Beides gehört zu mir: der Erwachsene, der ich heute bin, und das Kind, das ich war und das bleibt.

Worauf warte ich im Advent? Man könnte sagen, dass der Erwachsene auf die Menschwerdung Gottes wartet und dass das Kind auf die Erfüllung seiner tiefsten Sehnsucht wartet. Beides ist in mir: die Erwartung der Menschwerdung Gottes und dass diese Menschwerdung meine Sehnsucht nach tiefer Geborgenheit und Menschsein in mir erfüllt. Ohne meine Kinderseele fehlt mir etwas in meiner Wahrnehmung der Ankunft Gottes als Kind in der Krippe.

Heute stehe ich zu meiner Kinderseele und gebe ihr den Platz, der ihr angemessen ist.

du
mit deinen kinderaugen
mit deiner liebe
für mama für papa – vielleicht
mit deinem grenzenlosen ja
zu diesem leben dieser welt

du
bist voll sehnsucht
nach liebe schutz geborgenheit
nach einem der ganz und ungeteilt für dich da ist
nach einem leben in wahrer freiheit

du
kennst noch nicht
die enttäuschung
die zurückweisung
den hass den schmerz

du
bist ein teil von mir
du
mit deinen kinderaugen

Da wir nun einen erhabenen Hohenpriester haben, der die Himmel durchschritten hat, Jesus, den Sohn Gottes, lasst uns an dem Bekenntnis festhalten. Wir haben ja nicht einen Hohenpriester, der nicht mitfühlen könnte mit unserer Schwäche, sondern einen, der in allem wie wir versucht worden ist, aber nicht gesündigt hat. Lasst uns also voll Zuversicht hinzutreten zum Thron der Gnade, damit wir Erbarmen und Gnade finden und so Hilfe erlangen zur rechten Zeit! (Brief an die Hebräer 4,14–16)

MARIA EMPFÄNGNIS

Als Kind habe ich immer gedacht, es hieße „Maria im Gefängnis". Dann habe ich verstanden, es heißt „Maria Empfängnis". Was das bedeutet, habe ich erst viel später verstanden, als ich kein Kind mehr war. Am 8. September ist Mariä Geburt und – ganz klar – neun Monate zuvor ist Mariä Empfängnis. Es ist der Tag der Zeugung Marias.

Maria ist etwas Besonderes von Anfang an. Die Menschwerdung Gottes macht die Frau, die Jesus gebären soll, zu einer ganz besonderen Frau, einem ganz besonderen Menschen. Vielleicht ist die eigene

Mutter auch immer eine ganz besondere Frau, denn nur sie hat mich geboren, egal wie das Leben dann weiter verlaufen ist. Meine Mutter ist ein ganz besonderer Mensch, denn ohne sie gäbe es mich nicht.

Das Fest heißt genau „Hochfest der ohne Erbsünde empfangenen Jungfrau und Gottesmutter Maria". Das soll heißen, Maria unterscheidet sich so sehr von allen anderen Menschen, dass sie ohne Erbsünde ist. Sie ist frei von der Sünde, die wir nicht begangen haben, die aber mit unserem Menschsein immer schon gegeben ist. Es ist – so könnte man sagen – die Sünde Adams und Evas, nach der es keine Unschuld mehr gibt.

Diese angedeuteten, komplizierten Worte und Gedanken wollen im Kern sagen, dass Maria anders ist. Nur sie hat Jesus geboren. Deshalb beginnt die Weihnachtsgeschichte schon weit vorher: mit dem Stammbaum Jesu, der zum Teil recht zwielichtige oder moralisch fragwürdige Personen enthält; und endet mit Maria, der die Geburt verkündet wird; mit Josef, der sich zu Frau und Kind bekennen soll; mit einem Paar auf dem Weg nach Bethlehem in eine ungewisse Zukunft. Vielleicht beginnt vieles viel früher, als ich denke. Nicht nur die Geschichte der Geburt Jesu.

 Heute will ich an meine Anfänge denken, an die besonderen Menschen und wann das begonnen hat, was hier und jetzt seinen vorläufigen Abschluss gefunden hat.

unschuldig
frei von jeder sünde
frei von schuld
frei

unschuldig
war ich
vielleicht als kind
vielleicht als baby

unschuldig
vor dem gesetz – vielleicht
vor meinem gewissen
vor gott

könnte ich doch zurück
in die freiheit
in die unschuld
in den schoß der mutter

und
neu geboren werden
unschuldig und frei
zweite chance

Im Anfang schuf Gott Himmel und Erde. Die Erde war war wüst und wirr und Finsternis lag über der Urflut und Gottes Geist schwebte über dem Wasser. Gott sprach: Es werde Licht. Und es wurde Licht. Gott sah, dass das Licht gut war. Und Gott schied das Licht von der Finsternis. Und Gott nannte das Licht Tag und die Finsternis nannte er Nacht.
Es wurde Abend und es wurde Morgen: erster Tag.
 (Genesis 1,1–5)

SONNTAG

Sonntag, ein freier Tag, wenn man draußen ist. Wenn ich Pech habe, beginnt der Nachtverschluss schon mit dem Mittagessen. Der Sonntag ist im Knast kein freier Tag. Er ist noch unfreier als die anderen Tage, an denen man, wenn man Arbeit hat, wenigstens zur Arbeit aus der Zelle ausrücken kann.

Kirchgang, soll ich mir das antun? Vielleicht ist dort Ruhe. Vielleicht ein guter Gedanke, ein gutes Gefühl oder ein schweres Gefühl. Vielleicht kann ich mit dem Kopf bei Gott sein, für einen Moment nicht im Gefängnis. Oder jemanden treffen. Vielleicht gibt es was zu schnappen, was zu maggeln.

Die ersten Christen haben sich am Sonntag als dem ersten Tag der Woche getroffen. Sonntag ist der Tag, an dem Jesus auferstanden ist. Nicht nur, dass eine neue Woche beginnt, es wird der Anfang einer ganz neuen Zeit gefeiert. Neues Leben beginnt. Ich werde neu geboren.

Man könnte sagen, die Auferstehung ist die zweite Geburt Jesu. Nach Weihnachten wird Jesus Ostern ein zweites Mal geboren. Weihnachten und Ostern gehören untrennbar zusammen, sind eins. Gott wird Mensch in Geburt und Tod. So überwindet er für uns den Tod. Der Sonntag erinnert mich an meinen Neubeginn, meine zweite Geburt, meine zweite Chance. Auferstehung findet nicht erst nach dem Tod statt, sondern heute schon, wenn ich heute mein neues Leben wähle.

Heute will ich bei mir den Gedanken zulassen, dass ein neues Leben für mich möglich ist. Vielleicht mache ich heute schon den ersten Schritt.

am anfang war die liebe

zärtlich zart
wild leidenschaftlich
verborgen schüchtern
klar ganz

ohne ziel
ohne absicht
ohne zweck

nur du
nur ich und du
nur wir

stört die liebe nicht auf
weckt sie nicht bis es ihr selber gefällt

und wir wachen auf
ich bin verwandelt
die welt ist verwandelt
neu geboren in liebe
bin ich bist du

geboren soll werden zukunft
durch uns mit uns in uns
in uns die knospe einer neuen welt

liebe zärtlichkeit leidenschaft solidarität
öffnet sich

Das Volk, das in der Finsternis ging,
sah ein helles Licht;
über denen, die im Land des Todesschattens wohnten,
strahlte ein Licht auf.
(Jesaja 9,1)

DIE HOFFNUNG STIRBT ZULETZT

Die Hoffnung stirbt zuletzt. Und was dann? Was ist mit mir, wenn auch noch die Hoffnung gestorben ist als Letztes? Vielleicht hatte ich schon solche Momente, wo ich gedacht habe: Alles ist gestorben. Es gibt nichts mehr, was mich hält.

Und dann kommt dieser Satz: Die Hoffnung stirbt zuletzt. Nur mühsam kann man sich diesen Satz manchmal erkämpfen gegen die ganze trostlose Wirklichkeit. Und ich sage es mir solange, bis ich fest dran glaube: Die Hoffnung stirbt zuletzt. Die Hoffnung stirbt nie. Die Hoffnung bleibt. Das ist ein wichtiger Rettungsanker. Das ist nicht so, als wenn ich mir etwas vormachen würde. Es ist kein Selbstbetrug. Die Hoffnung lebt unabhängig von mir.

Vielleicht zeigt sich die Hoffnung ganz unscheinbar wie versteckt da, wo ich sie nicht vermute. Vielleicht ist das Hoffnung: ein Wort, ein Blick, ein Sonnenstrahl, eine innere Kraft, etwas Unerwartetes, Überraschendes oder etwas ganz Altes, tief in mir Verborgenes. Hoffentlich sind dann meine Augen, meine Ohren, mein Herz, meine Seele offen.

Und wenn trotz allem sich nichts zeigt, keine Hoffnung und kein Trost. Vielleicht schaffe ich es dann, auf morgen zu vertrauen, immer wieder auf das neue Morgen. Vielleicht zeigt sich dann meine Hoffnung.

Heute will ich Augen, Ohren, Herz und Seele offen machen für Zeichen der Hoffnung.

zarte blume
milder duft
fernes licht

träumen
sehnen
hoffen

was hält mich
tröstet mich
stärkt mich

ein klären
in der wirrnis meines denkens
ein raunen
in der tiefe meines herzens
ein leuchten
im dunkel meiner seele

hoffnung
zuversicht
vertrauen

Mit menschlichen Fesseln zog ich sie, mit Banden der Liebe. Ich war da für sie wie die, die den Säugling an ihre Wangen heben. Ich neigte mich ihm zu und gab ihm zu essen.
(Hosea 11,4)

HEILIGE FAMILIE

Was soll schon an einer Familie heilig sein? Wie war meine Familie? Wie ist meine Familie? Verdient sie überhaupt den Namen „Familie"? Da sind mein Vater, meine Mutter, Geschwister (vielleicht), Großeltern, Onkel und Tanten, und wer weiß, wer noch. Oder meine Familie ist eine Stieffamilie, eine Alleinerziehenden-Familie, eine Heimfamilie oder gar keine Familie.

Maria, Josef, Jesus, eine heile Familie. Schaut man genau hin, sind auch sie keine heile Familie. Die Bibel erzählt es: Maria ist schwanger, ohne dass sie „einen Mann erkannt hat" (Lukas 1,34). Josef wollte sich „in aller Stille" von der schwangeren Maria trennen (Matthäus 1,19). Er hat es dann aber nicht getan. Das Kind wird in einem Stall geboren (Lukas 2,7).

Das Kind wurde nicht von den Verwandten begrüßt, sondern von Hirten, die sich gerade in der Gegend aufhielten und wenig angesehen waren in der damaligen Gesellschaft (Lukas 2,16). Als Zwölfjähriger haut Jesus ab in den Tempel. Seine Eltern müssen ihn suchen (Lukas 2,41ff). Später verleugnete Jesus seine Mutter und seine Brüder vor allen Menschen (Markus 3,31ff).

Jesu Familie ist eine heilige Familie. Dafür braucht sie nicht heil sein, nicht in Ordnung, keine geordneten Verhältnisse. Diese Familie ist heilig, weil Jesus in sie geboren wurde. Es ist seine Familie. So wie sie halt ist.

Und wie meine Familie auch immer sein mag, wie gut, wie Geborgenheit gebend oder wie unvollkommen, vielleicht sogar mich schädigend, es ist meine Familie. Ohne sie gäbe es mich nicht. Vielleicht ist sie nicht heil. Vielleicht sogar das Gegenteil. Vielleicht zerbrochen, verletzend, kaputt. Aber es ist meine Familie. So wie sie halt ist. Vielleicht werde ich es besser machen, so wie ich es mir für mich gewünscht hätte.

Heute will ich auf das schauen, was mir meine Familie im Guten bedeutet. Ich will ihnen die Verletzungen, wenn es welche gegeben hat, heute nicht anrechnen.

ich bin gezeugt geboren
wurde nicht gefragt
ich habe mutter vater
habe sie nicht ausgesucht

sind wir eine familie
bist du mir eine gute mutter
ein guter vater

sind wir eine familie
bin ich eine gute tochter
ein guter sohn

vater mutter kind
keine wahl
keine frage
kein gut oder schlecht
vielleicht nicht heil
vielleicht heilig

vielleicht heilig
um meinetwillen
dass ich heil werde

Wohin kann ich gehen vor deinem Geist,
wohin vor deinem Angesicht fliehen?
Erforsche mich, Gott, und erkenne mein Herz,
prüfe mich und erkenne meine Gedanken!
(Psalm 139,7 und 23)

VERSTRAHLT

Süchtig, abhängig, verstrahlt nennen sie mich. Es stimmt. Ich brauche die Drogen, das Gift oder „nur" den Alkohol. Ich komme nicht davon weg. Manchmal habe ich noch gedacht, ich könne bestimmen, ob ich etwas nehme, wann Schluss damit ist. Manchmal habe ich gesagt, es wäre meine Entscheidung, ich will es so. Wenn ich ehrlich bin, muss ich zugeben, dass das Gift, der Alkohol, stärker ist als ich. Ich bin süchtig.

Aber was mache ich damit weg? Was befriedige ich damit? Was will ich denn eigentlich? Vielleicht will ich das nicht einmal wissen oder sehen. Würde ich es für einen Moment zulassen, so kämen mir vielleicht Gedanken wie: Ich will nicht sehen, was geschehen ist. Ich will den Schmerz nicht aushalten. Ich will nicht, dass mein Leben so ist, wie es ist. Ich sehne mich nach Liebe, Geborgenheit, Nähe. Ich suche einen Sinn für mein Leben. – Meine Sucht ist die Antwort auf alles. Aber weil sie nur ein Ersatz ist, will sie nicht enden. Mein privates Gefängnis.

Und dann kommt Weihnachten und dann auch noch Silvester. Da brauche ich mehr. Mehr Drogen, mehr Alk, damit ich es aushalten kann. Damit ich das wirkliche Leben mit seinen wirklichen Sehnsüchten und wirklichen Hoffnungen aushalten kann.

Weihnachten ist das große Ja zum Leben. Zu einem Leben zu dem alles dazugehört: Liebe, Geborgenheit, Nähe, Freundschaft, Beziehung. Aber auch Enttäuschung, Schmerz, Angst und die Zerstörung meiner Sehnsüchte und Hoffnungen. Leben heißt, auch das Dunkle und Schwere leben zu können.

Heute will ich „ja" zu meinem Leben sagen, selbst wenn ich noch nicht so weit bin, dieses „Ja" zu leben.

das soll weg sein
die leere
die sinnlosigkeit
die angst

das soll weg sein
alles schwere
alles dunkle
aller schmerz

das soll weg sein
ich mach es weg
ich drück es beiseite
ich vergrabe es

das geht nicht weg
es bleibt
drängt sich ins blickfeld
kriecht hervor

das ist meins
ich könnte es anschauen
ich könnte es nehmen
ich könnte es liebgewinnen

wenn das weg wäre
was dann
was stattdessen
was bleibt

leere sinnlosigkeit angst

Den Himmel und die Erde rufe ich heute als Zeugen gegen euch an. Leben und Tod lege ich dir vor, Segen und Fluch. Wähle also das Leben, damit du lebst, du und deine Nachkommen.
(Deuteronomium 30,19)

ICH HÄNG MICH WEG

Wo ist mein tiefster Tiefpunkt? Lag er am Anfang oder wird er noch kommen, vielleicht am Ende? Oder ist er jetzt da, genau hier in der Mitte zwischen Anfang und Ende?

Ich hätte nie gedacht, dass ich so tief hätte fallen können, dass es nicht tiefer ginge. Gibt es da noch einen Sinn? Gibt es noch ein Morgen? Gibt es noch etwas, was mich am Leben hält? Oder ist es nur meine Feigheit? Oder dass ich auch morgen dem Ganzen ein Ende machen könnte? Vielleicht ist es gut, dass ich meine Entscheidung auf morgen verschoben habe.

Und wenn ich dann nach vorne schaue auf Menschen wie Maria und Josef, dann sehe ich ein Leben, das stärker ist als der Tod. Und es sind nicht nur die beiden. Es sind die vielen, die gegen alle Widrigkeiten des Lebens und der Realität festhalten an ihrer und unserer Zukunft. Sie leben aus Liebe, Hoffnung und Zuversicht. Vielleicht kann ich mir davon eine Scheibe abschneiden.

Ich hänge mich weg! Ich hänge mich weg? Genau das ist der Unterschied: „Ausrufezeichen" oder „Fragezeichen". „Wähle das Leben!" Das ist die Herausforderung. In den Sack hauen ist einfach. Wenn auch nicht ganz einfach. Aber vielleicht einfacher als sich dem Leben stellen. „Leben und Tod lege ich dir vor, Segen und Fluch. Wähle also das Leben, damit du lebst, du und deine Nachkommen" (Deuteronomium 30,19b).

Ich habe die Wahl: Ich kann mich gerade machen oder in den Sack hauen. Wo finde ich für mich die größere Würde? – Und außerdem, ich könnte ja auch mit jemandem reden.

Für heute wähle ich das Leben – nur für diesen Tag. Der morgige Tag hat seine eigene Sorge.

heute
will ich
dem leben
eine chance geben

heute
will ich
mir
eine chance geben

heute
will das leben
mir
eine chance geben

und morgen
und übermorgen
und überübermorgen

neue chance
zweite geburt
neugeburt
für mich und das leben

geboren werden
wie
das kind
in der krippe

Mein Gott, mein Gott, warum hast du mich
verlassen, bleibst fern meiner Rettung,
den Worten meines Schreiens? Mein Gott,
ich rufe bei Tag, doch du gibst keine Antwort;
und bei Nacht, doch ich finde keine Ruhe.
(Psalm 22,2f)

EINE MENGE QUALM

Was ist viel? Ein Jahr oder fünf oder zehn oder lebenslänglich? Was geht noch? Ich weiß nicht, wie die anderen das verpacken. Was macht einer, der lebenslänglich vor der Brust hat, um das körperlich durchzuhalten oder noch viel mehr vom Kopf her. Ich weiß, der eine nimmt Drogen, der andere hat etwas, woran er sich innerlich festhält, vielleicht einen starken Willen, was das auch sein mag, vielleicht der Glaube an Gott. Wieder ein anderer wird einfach komisch. Der hat einen Haftschaden, sagen die anderen.

Jeder Tag Haft ist zu viel. Man darf Menschen nicht einsperren, und doch geschieht es. Gib es etwas, das mich durch die Knastzeit trägt? Etwas, das mir Halt gibt? Etwas, das mich an nicht enden wollenden Stunden, Tagen und Jahren nicht verzweifeln lässt? Etwas, das mich leben lässt, auch wenn ich mich wie begraben fühle?

Nicht ich alleine stehe vor der Aufgabe, etwas Unerträgliches zu ertragen. Nicht nur Menschen im Knast teilen dieses Los. Menschen mit einer unheilbaren, vielleicht tödlichen Krankheit. Menschen, die von einer psychischen Krankheit gefesselt sind. Das Kind, das schwer behindert zur Welt kommt. Und die Angehörigen, die mitleiden bis zur Selbstaufgabe. Menschen, die Not, Krieg, Hunger, Elend oder einem Unrechtsystem ausgeliefert sind. Menschen auf der Flucht, ohne schützende Heimat. Die Liste findet kein Ende.

Vielleicht ist es wichtig, dass ich mich mit all diesen Menschen verbunden fühle. So unterschiedlich unser Schicksal auch sein mag. Vielleicht auch mit dem Kind, das im Stall geboren werden soll, um dann vor einem Herrscher zu fliehen, der alle Jungen bis zum Alter von zwei Jahren umbringen ließ (Matthäus 2,16).

Heute will ich das Gefühl der Solidarität mit allen Leidenden dieser Welt bei mir zulassen.

leben
bist du
nur stein
nur schmerz
nur zeit vor dem tod

leben
bin ich
tragender
erleidender
erduldender

leben
zeige dich freundlich
bereite mir wohlwollendes
schenke mir doch leben in fülle

Siehe, das ist mein Knecht, den ich stütze; das ist mein Erwählter, an ihm finde ich Gefallen. Ich habe meinen Geist auf ihn gelegt, er bringt den Nationen das Recht. Er schreit nicht und lärmt nicht und lässt seine Stimme nicht auf der Gasse erschallen. Das geknickte Rohr zerbricht er nicht und den glimmenden Docht löscht er nicht aus; ja, er bringt wirklich das Recht. Er verglimmt nicht und wird nicht geknickt, bis er auf der Erde das Recht begründet hat.
(Jesaja 42,1–4a)

HAU REIN

Tschüss. Auf Wiedersehen. Hau ab. Mach dich weg. Ich hau dir zum Abschied noch eine rein. Du kannst mir gestohlen bleiben. ... Oder: Hau rein.

Was der andere mir damit sagen will, hängt davon ab, wer es sagt und wie er es sagt. Typisch für den Knast. Egal ob du es mit Knackies oder Schließern zu tun hast, du bewegst dich oft auf dünnem Eis. Vielleicht ist das auch ein Unterschied zu draußen.

Sicher ist nur, dass ich eingesperrt bin. Alles andere bleibt unsicher, manchmal gefährlich unsicher. Gut ist, wenn dann jemand geradeheraus ist, wenn jemand die Wahrheit sagt. Aber kann ich mich auf ihn verlassen? Wird er immer bei der Wahrheit bleiben? Ich muss mich manchmal darauf verlassen, aber „sicher" ist etwas anderes.

Im Advent warte ich auf ein jahrhundertealtes Versprechen. Ich warte mit den Menschen zur Zeit Jesu. Ich weiß, dass Jesus geboren wurde. Sie wussten nichts. Sie hatten nur das Wort Gottes, das ihnen durch die Propheten verkündet wurde: „Der Geist Gottes, des Herrn, ruht auf mir; denn der Herr hat mich gesalbt. Er hat mich gesandt, damit ich den Armen eine frohe Botschaft bringe und alle heile, deren Herz zerbrochen ist, damit ich den Gefangenen die Entlassung verkünde und den Gefesselten die Befreiung, damit ich ein Gnadenjahr des Herrn ausrufe, einen Tag der Vergeltung unseres Gottes, damit ich alle Trauernden tröste" (Jesaja 61,1f). Über 700 Jahre haben die Menschen darauf gewartet. Das ist doppelte Treue: Treue Gottes, der das Wort durch seine Propheten gesprochen hat, und Treue der Menschen, die sich darauf verlassen haben.

Das gibt es doch: Treue, Zuverlässigkeit, Wahrhaftigkeit, Wahrheit. Das muss es geben. Gegen alle enttäuschenden Erfahrungen, die ich gemacht habe. Und wenn ich einmal die Erfahrung von Treue gemacht habe, weiß ich, was Menschsein bedeutet.

 **Heute will ich festhalten an meinem Glauben an eine gute Zukunft und an moralischen Werten.**

nur ein wort
zuverlässig
wahr

nur ein wort
hilfreich
treu

nur ein wort
lebensrettend
befreiend

nur ein wort
auf das ich mich verlassen kann
damit ich nicht verlassen bin

sprich
nur ein wort
so wird meine seele gesund

Der Gott aller Gnade aber,
der euch in Christus zu seiner ewigen Herrlichkeit
berufen hat,
wird euch, die ihr kurze Zeit leiden müsst,
wieder aufrichten, stärken, kräftigen und auf festen
Grund stellen.
 (Der erste Brief des Petrus 5,10)

ICH MACH MICH GERADE

Einer hat sich für mich gerade gemacht. Ich hatte nicht das Rückgrat, um mich gerade zu machen. Alle Achtung. Was er für mich getan hat. Er trägt die volle Verantwortung, die Folgen, die Strafe, die Urteile der anderen über ihn. Und es gibt kein Zurück. Die Worte, die gesprochen sind, können nicht zurückgeholt werden. Er hat sich für mich gerade gemacht. Das beschämt mich.

Vielleicht kann ich das auch. Ich mache mich gerade. Ich stehe ein für das, was ich getan oder gesagt oder gedacht habe. Wenn ein anderer das für mich kann, kann ich das vielleicht auch. Ich trage die volle Verantwortung für mein Handeln, Reden und Denken. Will ich das wirklich? Will ich die Folgen tragen? Will ich die Strafe akzeptieren, die mir vielleicht droht? Will ich ertragen, wie die anderen dann über mich denken und reden? Will ich gebrandmarkt sein? Es könnte aber auch sein, dass der eine oder der andere denkt oder sogar sagt: Alle Achtung. Der hat sich gerade gemacht.

Einer hat sich für mich gerade gemacht am Kreuz. Der Anfang – könnte man sagen – war Weihnachten in der Krippe. Eine Legende erzählt, dass die Krippe und das Kreuz vom selben Holz genommen wurden. Damit sich Jesus für uns gerade machen konnte, musste er geboren werden. Unschuldig in einer Krippe liegend und aufrecht sich gerade machend am Kreuz, ist er der Mensch gewordene Gott, auf den wir im Advent warten. Er steht zu mir, damit ich zu mir stehen kann.

Heute werde ich darüber nachdenken, wie es wäre, wenn ich mich gerade machen würde und meine Verantwortung ganz übernähme.

druck
zwang
erniedrigung
demütigung
unterwerfung
freiheitsentzug

grade
bleiben
grade
sein

aufrecht
gehn
aufrecht
stehn

rücken
grade
kopf
oben
blick
geradeaus

bis zum rückgratbruch
zur entmenschlichung
zum außersichsein
zum seelentod

Wehe denen, die einen Plan tief unten vor dem HERRN verborgen halten,
damit ihre Taten in der Dunkelheit bleiben! Sie sagen: Wer sieht uns und wer weiß um uns?
(Jesaja 29,15)

siebzehn

MAN TRIFFT SICH IMMER ZWEIMAL

Die Hoffnung, ich könnte mich so durchs Leben schummeln, ist ziemlich riskant. Vielleicht begegne ich im Guten wie im Schlechten dem anderen doch noch einmal. Und was ist dann? Und wenn die zweite Begegnung unangenehm oder sogar gefährlich wäre? Soll ich ihm dann einfach nicht in die Augen schauen, ihm aus dem Weg gehen? Was bin ich dann? Ein Lappen?

Nichts bleibt ohne Folgen. Und wenn es ohne Folgen bliebe, würde ich vielleicht auch nicht glücklich damit.

Wenn nun der andere, den ich treffe, Gott ist, was bedeutet dann der Satz: „Man trifft sich immer zweimal." Wie oft treffe ich Gott? Zweimal, dreimal oder jährlich an Weihnachten oder täglich in meiner Zelle oder immer? Wie stehe ich dann vor ihm? Ist mein Blick gesenkt oder kann ich ihn anschauen? Stehe ich vor ihm oder knie ich mich nieder vor ihm? Wenn Gott als Kind in der Krippe liegt, kann ich mich nur hinknien und klein machen für den, der sich für uns ganz klein gemacht hat.

„Man trifft sich immer zweimal." Auf Gott hin könnte der Satz anders lauten: Gott treffe ich mindestens zweimal. Gott treffe ich jetzt an Weihnachten als Kind in der Krippe. Spätestens Ostern treffe ich ihn ein zweites Mal als Herrn am Kreuz, als gekreuzigten Gott, der mich erlöst. Und zu jeder Zeit könnte es sein, dass ich Gott ein weiteres Mal begegne.

Es könnte sein, dass Gott dann zu mir sagt: „Man trifft sich immer zweimal." Gott ist barmherzig. Deshalb meint er diesen Satz ausdrücklich positiv. Er gibt mich nicht auf. Er gibt mir immer eine zweite Chance. Jede Begegnung mit ihm eröffnet mir eine neue Möglichkeit, ermöglicht mir ein neues Leben.

Heute will ich so handeln, dass ich mich morgen nicht dafür schämen muss.

du siehst alles
siehst mich

nichts
bleibt dir verborgen

du schaust
mein innerstes
meine tiefsten abgründe
meine geheimsten geheimnisse

du durchschaust mich
ganz und gar
dir ist alles gewahr
auch was sich mir verbirgt

das ist deine barmherzigkeit
mein glück
meine erlösung

schaue gütig auf mich

Du brachtest uns in schwere Bedrängnis
und legtest uns eine drückende Last auf die Schulter.
(Psalm 66,11)

achtzehn

NACHSCHLAG

Es reicht! Genug ist genug. Auch ohne Nachschlag habe ich verstanden, was der Richter mir sagen wollte. In seinen Augen bin ich schuldig durch und durch. Jetzt werde ich noch länger sitzen und draußen geht alles kaputt. Ich hoffe, dass ich nicht auch noch kaputt gehe.

Wie viel erträgt ein Mensch? Wie viel ertrage ich? Was kann ich machen, damit ich es ertragen kann, damit ich es tragen kann? Manchmal denke ich, mein Leben ist zu schwer, ich kann es nicht tragen. Und ein andermal erlebe ich, ich kann die Last meines Lebens tragen. Meine Kräfte wachsen mit ihr.

Nachschlag für Gott: Gott wird Mensch und bekommt alles, was man als Mensch nur bekommen kann. Jesus nimmt auf sich den Verrat, die Verhaftung, die Folter, die Verachtung, die Schmähungen, die Erniedrigung, den Foltertod, den Hinrichtungstod am Kreuz.

Ich sehe das Kind in der Krippe und weiß, wo sein Leben hinführt, wie es endet. Jesus, mein Erlöser, endet am Kreuz. Das kann einem den Advent und die Weihnachtsfreude ordentlich verderben. Was für ein Glück, dass ich meine Zukunft nicht kenne.

Aber das Leben Jesu geht noch einen Schritt weiter. Er trägt sein Leben über den Tod hinaus. Zum Schluss wird jedes Leben gerettet, auch meins. Wenn ich so auf das Kind in der Krippe schaue, ist alles wieder da, das Strahlen, der Glanz, die Freude und vielleicht auch meine Glückseligkeit.

Heute will ich versuchen zu nehmen und zu tragen, damit ich nicht kaputt gehe.

genug
der schläge

schlagen
ohrfeigen
verprügeln
misshandeln

die eltern
die geschwister
die anderen
ich

der richter
die schuld
das gewissen
ich

nachschlag

genug
der schläge

dass heil werden kann
was verletzt ist

genug
der schläge

Die aber auf den HERRN hoffen, empfangen
neue Kraft, wie Adlern wachsen ihnen Flügel.
Sie laufen und werden nicht müde, sie gehen
und werden nicht matt.
 (Jesaja 40,31)

SPANNMANN

„Wer sich auf andere verlässt, der ist verlassen." Da ist etwas dran. Denn wenn ich mich auf andere verlasse, gebe ich mein Schicksal mehr oder weniger in ihre Hände. Ich werde abhängig von dem, auf den ich mich verlasse.

Der Satz ist aber auch falsch. Auch wenn vielleicht ein Risiko damit verbunden ist, kann ich mich sehr wohl auf andere verlassen. Ich muss mich im Leben auf andere verlassen können, sonst werde ich sehr einsam. Eine gute Beziehung geht nicht ohne Vertrauen.

Es muss nicht Freundschaft sein, aber auf meinen Spannmann muss ich mich verlassen können, so wie er sich auf mich verlassen kann. Wenn ich schon meine Hütte mit jemand anderem teilen muss, dann sind wir aufeinander angewiesen. Das heißt, teilen und den anderen nicht hängen lassen. Vielleicht wird dann aus dem Spannmann ein Kumpel oder sogar ein Freund.

Advent geht nur mit Vertrauen. Nur wenn ich davon ausgehe, dass das, was mir versprochen ist, auch eintrifft, kann ich hoffnungsvoll warten. Sonst lohnt es nicht. Ich warte auf die Ankunft Gottes, auf die Menschwerdung Gottes, auf Jesus. Der, der vor zweitausend Jahren geboren wurde, soll am Heiligen Abend für mich geboren werden. Advent heißt Ankunft. Ich warte, weil ich mich darauf verlasse, was mir versprochen wurde. Wer sich auf das Wort der Propheten verlässt, ist schon gerettet.

Heute soll mein Vertrauen stärker sein als mein Misstrauen.

volles risiko
keine garantie
kein sicherheitsgurt
echtes leben

volles risiko
misstrauen
vertrauen
echtes leben

volles risiko
dein wort
mein wort
echtes leben

volles risiko
fluch
segen
echtes leben

volles risiko
sehnsucht
hoffnung
verheißung
erfülltes leben

Richtet nicht, dann werdet auch ihr nicht gerichtet werden! Verurteilt nicht, dann werdet auch ihr nicht verurteilt werden! Erlasst einander die Schuld, dann wird auch euch die Schuld erlassen werden!
(Lukas 6,37)

SITTICH

„Alle sehen es mir an. Nur nicht auffallen. Eine Geschichte ausdenken, warum ich in Haft bin." Oder die anderen: „Der soll mich nur nicht ansprechen. Wenn ich so könnte, wie ich wollte. Lass mich mal mit ihm allein in der Dusche sein."

Das ist der Unterschied. Die Sätze, die Gedanken, zeigen an, ob ich ein Sittich bin oder nicht, ob ich Kinder oder ein Kind missbraucht, vergewaltigt habe, ob ich ein Vergewaltiger bin. Was soll ich von mir halten, wie über mich denken? Was die anderen von mir halten, wie sie über mich denken, weiß ich. Ein Sittich ist in der Knasthierarchie ganz unten. Draußen auch.

Was würde Jesus sagen? Jesus hat zwei Antworten. Den Anklägern der Ehebrecherin sagt er: „Wer von euch ohne Sünde ist, werfe als Erster einen Stein auf sie" (Johannes 8,7b). Und als diese sich zurückgezogen haben, sagt er zu der Ehebrecherin: „Auch ich verurteile dich nicht. Geh und sündige von jetzt an nicht mehr!" (Johannes 8,11b) Welchen Satz spricht Jesus zu mir?

Zur Krippe werden die gerufen, die in der damaligen Gesellschaft unten standen. Der Engel ruft die Hirten. Sie sollen zu Zeugen werden der Menschwerdung Gottes. „Der Engel sagte zu ihnen: Fürchtet euch nicht, denn siehe, ich verkünde euch eine große Freude, die dem ganzen Volk zuteilwerden soll: Heute ist euch in der Stadt Davids der Retter geboren; er ist der Christus, der Herr" (Lukas 2,10f). Gott wird Mensch für alle.

Kann ich ja dazu sagen, dass Gott Mensch geworden ist auch für mich, einen Sittich? Oder kann ich auch als Zellennachbar eines Sittichs sagen, dass Gott Mensch geworden ist auch für ihn?

Gott ist barmherzig. Das gilt auch für den, der in der Zelle neben mir sitzt. Vielleicht ist diese Forderung an mich zu groß. Ich muss das nicht können. Vielleicht bin ich unbarmherzig mit mir und dem anderen. Vielleicht bleibe ich unbarmherzig aus guten Gründen, weil ich selber Opfer bin oder mein Kind zum Opfer wurde, selbst wenn ich mir mit meiner Gnadenlosigkeit schade.

Heute will ich mir meiner eigenen Fehler bewusst werden und nicht auf die Fehler der anderen schauen.

schuld
meine schuld
schwere last
für immer

strafe
gefängnis
freiheitsentzug
knast
enden

schuld
endet nicht

schuld
ist verbüßt
wird nicht mehr angerechnet
vielleicht

wohin
mit meiner schuld
wohin
mit dieser last

Denn auf Hoffnung hin sind wir gerettet.
Hoffnung aber, die man schon erfüllt sieht, ist keine Hoffnung.
Denn wie kann man auf etwas hoffen, das man sieht?
Hoffen wir aber auf das, was wir nicht sehen, dann harren wir aus in Geduld.
 (Brief an die Römer 8,24f)

EIN STERN GEHT AUF

Und wenn ich in meinen schlaflosen Nächten aus dem vergitterten Fenster meiner Zelle schaue, sehe ich einen Stern. Selbst durch die Feinvergitterung lässt er sich nicht aussperren. Vielleicht ist es mein Stern oder unser Stern. Er leuchtet nur für mich oder nur für uns, wenn du heute Nacht auch wach bist und zum Himmel schaust. Ich weiß, er ist auch da, wenn Wolken ihn verbergen oder ich nicht aus dem Fenster meiner Zelle schaue. Ein Hoffnungsstern, der bleibt.

Und wenn ich nachdenke, sind da vielleicht noch mehr Sterne in meinem Leben aufgegangen: ein schöner Moment in meiner Kindheit, meine erste Liebe, meine Frau, die Geburt meiner Kinder, meine Kinder überhaupt, ein guter und zuverlässiger Freund, ein unverdientes Glück, vielleicht noch mehr. Keiner dieser Sterne wird untergehen. So dunkel kann die Nacht gar nicht sein. Selbst am Tag, wenn ich keine Sterne sehen kann, sind meine Sterne da. Ein Hoffnungspolster für harte Zeiten.

Schon sind die „Sterndeuter aus dem Osten" unterwegs. „Wo ist der neugeborene König der Juden? Wir haben seinen Stern aufgehen sehen und sind gekommen, um ihm zu huldigen" (Matthäus 2,2), fragen sie. Wir tun so, als wenn es normal wäre, einem Stern zu folgen. Da sind drei Fremde unterwegs, deren Vertrauen und Hoffnung unerschütterlich ist. Sie wissen nichts über den neuen König. Aber mit ihren Herzen erfassen sie das Geschehen ganz.

Heute will ich meinen Stern in mein Herz hineinscheinen lassen und ihm dankbar vertrauen.

ein stern geht auf

jedes mal
wenn ein kind geboren wird
geht ein stern auf

für die eltern
ein stern am himmel ihrer liebe

für die welt
ein stern am himmel der zukunft

manchmal muss einer kommen
und den stern deuten
für die eltern
für die welt

und jeder stern
verändert den himmel
macht den himmel neu

einer erschrickt
und durchkreuzt ist sein weg

ein anderer freut sich
und geht seinen weg

ein stern geht mir auf
und ich gehe

Selig, die rein sind im Herzen;
denn sie werden Gott schauen.
(Matthäus 5,8)

KINDERAUGEN

Ich sehe mit meinen Erwachsenenaugen eine Tür. Nicht mehr und nicht weniger. Was wäre aber, wenn ich meine Augen für einen Moment tauschen könnte und noch einmal meine Kinderaugen bekäme. Ich könnte vielleicht etwas ganz anderes sehen, denn ich würde nicht sehen, sondern schauen.

Vor meinen Kinderaugen bräuchte sich diese Tür nicht zu öffnen. Sie würde einfach durchsichtig. Sie wäre nicht mehr da, mehr als offen. Ich könnte das Geheimnis, die verborgenen Schätze, schauen. Und durch meine strahlenden Augen hindurch würde dieses Strahlen tief in mein Herz eintreten und mich ganz voll machen mit dieser Wärme.

Wenn ich so auf Weihnachten schaue, findet Weihnachten jetzt schon statt. Das Warten im Advent und die Erfüllung meiner Hoffnung an Weihnachten werden eins, wenn ich es schaffe, wie ein Kind zu schauen. Dann sehe ich jetzt schon das Kind in der Krippe. Dann sehe ich jetzt schon den Himmel offen.

In einem alten Kirchenlied heißt es: „O Heiland, reiß die Himmel auf, herab, herab vom Himmel lauf. Reiß ab vom Himmel Tor und Tür, reiß ab wo Schloss und Riegel für." Die Sprache ist altertümlich, aber eindeutig. Das ist meine Sehnsucht: Nichts steht trennend zwischen Gott, meinem Heiland, und mir. Die Erwachsenenaugen sehen Tor und Tür. Für die Kinderaugen ist der Himmel offen.

Heute versuche ich für einen Moment zu meinen Kinderaugen zurückzufinden.

noch einmal
kind sein

schauen
mit meinen kinderaugen
unverdorben
unbelastet
unschuldig
ganz rein

noch einmal
kind sein
und bewahren
den schatz
den meine kinderaugen
geschaut

Stimme eines Rufers in der Wüste:
Bereitet den Weg des Herrn!
Macht gerade seine Straßen!
(Markus 1,3)

dreiundzwanzig

EIN EIN FRÜH

Noch dieser Tag und diese Nacht. Dann morgen früh noch. Ich hab gedacht, ich hätte warten gelernt. Und nun ist die Zeit doch lang bis morgen. Ich sollte mich freuen. Ich weiß aber nicht, was morgen kommt. Freiheit, ja. Und was dann? Das wird wohl noch eine schwere Nacht.

Ein Mann und eine schwangere Frau. Was soll bloß werden, denkt der Mann. Kinder sind schon immer auf die Welt gekommen, denkt die Frau. Kein Zuhause, Ungewissheit, denkt der Mann. Ich freue mich auf mein Kind, denkt die Frau. Es passiert etwas ganz Besonderes, etwas Unbeschreibliches, denken Mann und Frau.

Wie war das noch, als ich ein Kind war? Konnte ich gut warten? Wie war das mit Weihnachten? Noch einmal schlafen. Und dann noch den ganzen

Tag warten bis zum Abend. Eine lange Zeit, bis es endlich soweit ist. Warten auf etwas Schönes. Kein Warten in Ungewissheit.

Morgen ist es soweit. Dann weiß ich, wie es ist. Heute noch nicht. Ich muss einfach abwarten. Auch wenn es nicht einfach ist, einfach warten. Vertrauen auf morgen.

Heute übe ich mich in Geduld. Ich will geduldig sein im Warten auf etwas Gutes, aber auch im Warten auf etwas Ungewisses.

bereitet dem herrn den weg

habe ich alles bereitet
habe ich den weg bereitet
bin ich bereit
bin ich bereit für das was kommt
bin ich bereit für den der kommt

ich kann nicht ganz bereit sein
kann nicht alles im blick haben
kann nicht mit allem rechnen
kann nicht alles können
kann nicht vollkommen sein
auch ich habe nur wasser

aber ich bin bereit
für ein wagnis
für ein risiko
für dich

Er war Gott gleich, hielt aber nicht daran fest, Gott gleich zu sein, sondern er entäußerte sich und wurde wie ein Sklave und den Menschen gleich. Sein Leben war das eines Menschen; er erniedrigte sich und war gehorsam bis zum Tod, bis zum Tod am Kreuz. Darum hat ihn Gott über alle erhöht und ihm den Namen verliehen, der größer ist als alle Namen, damit alle im Himmel, auf der Erde und unter der Erde ihr Knie beugen vor dem Namen Jesu und jeder Mund bekennt: Jesus Christus ist der Herr zur Ehre Gottes, des Vaters. (Brief an die Philipper 2,6–11)

HEILIGABEND
MENSCHWERDUNG

Heute ist der Heilige Abend. Was soll heilig sein in einem Knast? Was soll heilig sein inmitten von Verbrechern, inmitten von Schließern? Ich bin einsamer als je zuvor. Meine Frau, meine Kinder, meine Familie, meine Freunde feiern, aber nicht mit mir. Und wenn ich niemanden habe? Dann ist es genauso schlimm. Am Fest der Heiligen Familie fühle ich mich einsam. Ich habe niemanden, mit dem ich zusammen sein kann. Vielleicht war da auch nie jemand. Vielleicht habe ich durch den Knast selbst den Letzten, der zu mir stand, verloren. Und hier im Knast ist nur Verschluss. Vielleicht ein Geschenk von der Kirche. Vielleicht ein Gottesdienst. Wird er mir gut tun, oder wird er mich runterziehen?

Und doch ist heute der Heilige Abend. Vielleicht macht er etwas heil bei mir? Da gab es doch eine Zeit oder einen Moment, wo meine kleine Welt noch heil war, nicht zerbrochen wie jetzt. Eine Kerze soll brennen in mir für diese Erinnerung. Ja, das gibt es, das muss es geben: eine heile Welt für mich, in der es für mich gut wird, gut ist.

Ein Kind wird geboren in widrigen Umständen. Es wird geboren in einem Stall, angefeindet von Anfang an, verfolgt und schon bald auf der Flucht. Geboren, um zu sterben. Aber dieses Kind ist das Heil der Welt. Es wird mich erlösen. Alle wird es erlösen. Darum ist diese Nacht heilig, weil es ohne diese Nacht keine Rettung für mich gäbe. Wir wären verloren in der Trostlosigkeit dieser Welt.

Gott wird Mensch, damit ich Mensch sein kann auch in einem unmenschlichen System.

Heute bin ich Mensch, auch wenn alles dagegen zu sprechen scheint.

ein kind in windeln
in einer krippe

ein zeichen
dass eine frau und ein mann
miteinander geschlafen haben
dass zwei sich lieben oder geliebt haben
oder auch nicht
dass das leben weitergeht

ein zeichen
der freude
der liebe
der hoffnung
der zukunft

ein zeichen
einer neuen zeit
einer neuen welt
einer neuen zukunft

ein zeichen
für menschen
die es fassen können

ein zeichen zum anfassen
nimm mich
nimm mich auf den arm
nimm mich in den arm
damit du fühlst

damit du leben fühlst

Ich habe dich von den Enden der Erde ergriffen,
aus ihrem äußersten Winkel habe ich dich gerufen.
Ich habe zu dir gesagt:
Du bist mein Knecht,
ich habe dich erwählt und dich nicht verworfen.
(Jesaja 41,9)

WEIHNACHTEN
JEDER TAG EIN FEST

Und schon ist Weihnachten vorbei. Silvester ist der nächste große Einschluss. Im Knast bedeutet das: Wieder wie immer an Feiertagen alleine und viele Stunden eingesperrt auf der Hütte sitzen und draußen feiern sie: Freunde, Familie, alle ohne mich. Vielleicht trifft dieses „Fest" noch mehr ins Herz. Aber auch an diesen Tagen halte ich durch – so oder so –, bis sie vorbei sind, bis sie nächstes Jahr wiederkommen.

Es könnte sein, dass es mit Weihnachten anders ist. Egal wie ich Weihnachten erlebe, die Geburt Gottes als Kind in der Krippe ist einmalig. Was damals in Betlehem geschah, wiederholt sich nicht. Auch

Ostern nicht. Geburt, Tod und Auferstehung sind einmalig.

Nicht einmalig könnte das sein, was bei mir geschehen ist, was die Geburt Jesu, die Menschwerdung Gottes, bei mir verändert hat für jeden Tag, jeden Moment. Hat sich bei mir etwas verändert? Wie ist das mit den Türen? Sind die Türen nun geöffnet? Ist meine Tür, die Tür meines Herzens, nun offen? Bin ich offen für das, was Gott für mich bereithält? Bin ich offen für meine Erlösung, Liebe, Hoffnung, geglücktes Leben? Öffne ich die Tür meines Herzens, wenn Gott anklopft, in welcher Gestalt auch immer, und in mir geboren werden möchte? Dann ist Weihnachten sowohl einmalig als auch jeden Tag. Dann ist jeder Tag ein Fest.

Heute soll das Fest meines Lebens sein. Heute will ich leben in dem Bewusstsein, dass es gut ist, dass es mich gibt, weil Gott mich nach seinem Willen geschaffen hat.

es könnte sein
dass weihnachten ist
nicht irgendwann gewesen
nicht irgendwann kommend

es könnte sein
dass weihnachten ist
heute
die heilige nacht
in der geboren wird
in der ich du wir geboren wird

gebe ich eine chance
nehme ich eine chance
gibt es eine chance
dass geboren wird aufs neue

es könnte sein
dass heute weihnachten ist
und heute geboren wird

neubeginn
neue zeit
neues leben

alter mensch neu

WORTERKLÄRUNGEN

Alk – Kurzform von Alkohol, alle alkoholischen Getränke

Blitzentlassung – plötzliche, unerwartete Entlassung aus der Haft

Ein ein früh – Tag vor der Entlassung. Der letzte Hafttag und der Tag der Haftentlassung, an dem man früh am Tag entlassen werden soll

Eine Menge Qualm – eine hohe Haftstrafe

Feinvergitterung – Ein kleinmaschiges Gitter vor dem eigentlichen Gitter vor dem Fenster, das verhindert, dass Dinge durch das Fenster heraus oder hereinkommen. „Pendeln" (Weitergabe von Zellenfenster zu Zellenfenster) wird so ausgeschlossen

Freistunde – jeder Inhaftierte hat jeden Tag das Recht auf eine Stunde unter freiem Himmel (innerhalb des Gefängnisses)

Gottesdienst aufschließen – so oder ähnlich ist die Durchsage, wenn die Gefangenen, die sich zum Gottesdienst melden, zum Gottesdienst gehen dürfen. Die entsprechenden Zellentüren werden aufgeschlossen.

Haftschaden – psychischer oder charakterlicher Schaden, den manche Gefangene durch lange Haft erleiden

Hau rein – Gruß, Ausspruch, der mehrdeutig sein kann und nicht eindeutig positiv oder negativ gemeint ist

Hütte – Gefängniszelle

Ich häng mich weg – Ich begehe Suizid

In den Sack hauen – Sich wegmachen; auch im Sinne von Suizid

Lappen – einer, der so wenig Rückgrat wie ein Putz- oder Waschlappen hat

Maggeln – etwas tauschen, handeln oder „kaufen"

Nachschlag – zusätzliche Haftstrafe

Nachtverschluss – Verschluss der Zelle bei Nacht. Das Schloss wird doppelt geschlossen und ein Riegel wird vorgelegt

Schließer – abwertende Bezeichnung für Justizvollzugsbediensteten

Schnappen – etwas (Materielles) bekommen

Sich gerade machen (Ich mach mich grade) – Ich stehe für eine Sache ein. Ich übernehme die Verantwortung für etwas.

Sittich – Sittlichkeitsverbrecher, Sexual- oder Missbrauchstäter

Spannmann – derjenige, der mit einem die Zelle teilt

Tür ohne Schlüsselloch – die Zellentüren besitzen innen kein Schlüsselloch

Umschluss – Zeit, während ein Gefangener auf dessen Wunsch mit auf die Zelle eines anderen Gefangen gesperrt wird zur gemeinsamen „Freizeit"

Verstrahlt – drogensüchtig

ich, jesus von nazareth

„Ich mag einfach nicht, diesen Jesus von Nazareth auf ein Kruzifix an die Wand zu nageln, wie man einen Schmetterling annagelt. Ich gebe ihm die Kraft, die er ausgestrahlt hat. … Er bringt Unordnung! Solange er am Kreuz hängt, bringt er keine Unordnung. … Er bringt das Gewitter mit. Die Kirchen tun das ja nicht. Sie haben eine Aspirin-Funktion. Sie beruhigen hier und dort. Die Figur des Jesus von Nazareth aber ist anarchisch bis dorthinaus! Denn ich bin gekommen, die Menschen zu erregen, sagt er. Das ist Rebellion pur! Aber gepaart mit diesem legendären Satz: Liebe! Nicht Hass, nicht Rache! Was wollen Sie mehr?" (SAID)

SAID
ich, jesus von nazareth
Mit einem Nachwort
von Erich Garhammer

64 Seiten · Gebunden
ISBN 978-3-429-04452-7

*Das Buch erhalten Sie
in Ihrer Buchhandlung.*

www.echter.de

Weihnachten zum Beispiel ...

„Man kann Mensch und menschlich sein, ohne an Gott zu glauben; aber man kann nicht an Gott glauben, ohne Mensch und menschlich zu sein."

Als Wegbegleitung durch Advent und Weihnachten legen die Texte Bernd Mönkebüschers den Kern von deren Botschaft frei: Indem Gott in Jesus ganz Mensch, ganz menschlich wird, wird die gesamte Welt zum Erfahrungsraum des Göttlichen und der Alltag zur Herausforderung, es ihm gleichzutun: Zeit und Leben zu verschenken, sich auf die Seite der Armen, Benachteiligten und Heimatlosen zu stellen — nicht nur zur Weihnachtszeit ...

Bernd Mönkebüscher
Man kann nicht an Gott glauben, ohne menschlich zu sein

Weihnachten zum Beispiel ...

96 Seiten · Broschur
ISBN 978-3-429-04390-2

Das Buch erhalten Sie in Ihrer Buchhandlung.

www.echter.de

Die Schrifttexte sind entnommen aus:
Einheitsübersetzung der Heiligen Schrift,
Katholische Bibelanstalt, vollständig
überarbeitete Auflage, Stuttgart 2016

Bibliografische Informationen der Deutschen Bibliothek
Die Deutsche Nationalbibliothek verzeichnet diese Publikation
in der Deutschen Nationalbibliografie; detaillierte bibliografische
Daten sind im Internet über <http://dnb.d-nb.de> abrufbar.

© 2018 Echter Verlag, Würzburg
www.echter-verlag.de

Druck und Bindung: Friedrich Pustet, Regensburg
Covergestaltung: Vogelsang Design, Jens Vogelsang, Aachen
Coverfoto: fotolia.com, © Bits and Splits
Innenteilgestaltung: wunderlichundwegand
Fotos im Innenteil: Willi Oberheiden

ISBN 978-3-429-05301-7